COLECCIÓN

EL TALLER DE LA HECHICERA

LIBROS PARA UN FEMINISMO POSITIVO

EL TAO DE LAS MUJERES

Sabiduría femenina para nuestro tiempo

Pamela K. Metz
Jacqueline L. Tobin

Gaia Ediciones

Título original: *The Tao of women*

Traducción: Miguel Iribarren

Selección a cargo de: Equipo Azabache

Ilustración de portada: *Ellas juntas*, por Shakti Genaine

De la presente edición española:
© Gaia Ediciones, 1996
Vicente Camarón, 21
28011 Madrid - España
Tel.: (91) 526 41 99
Fax: (91) 526 36 59

Primera edición: mayo 1996
Depósito Legal: M-18626-1996
I.S.B.N.:84-88242-41-7
Impreso en España por: Artes Gráficas COFÁS, S.A.

Este libro está impreso en papel ecológico.

Reconocimientos

Queremos expresar nuestro agradecimiento a nuestras familias, amigos, colegas, estudiantes, profesores, y especialmente a todas las mujeres que han contribuido directa o indirectamente en *El Tao de las mujeres.* Reconocemos la sincronicidad de nuestra obra con el descubrimiento del *Nu Shu* y deseamos dar las gracias a Norma Libman por haber sido la primera en escribir sobre él; y a Su Chen-ling, de la Fundación para el Despertar, por conectarnos con nuestra traductora de *Nu Shu*, Shi-huei Cheng. Ha sido un privilegio trabajar con todos vosotros.

A Pamela le gustaría dar las gracias a Gary Wilson y a Robin Hall, de Humanics Limited, por continuar la tradición de publicar los libros del Tao; a Charlene Byers por su fiel amistad; y a todas las mujeres y hombres que la ayudaron en este camino.

Jacqueline quiere mostrar su agradecimiento a su marido, Stewart, por apoyar sus esfuerzos con «una habitación propia»; a sus hijos, Alex y Jasmine, que le han revelado sus verdaderas relaciones; a su madre, que le dio un legado que transmitir; y a sus hermanas, B. J. y Debra, que creyeron en ella.

Índice

Introducción

El Tao de las mujeres, inspirado en el *Tao Te King* de Lao Tsé, conecta la antigua filosofía taoísta con la sabiduría femenina. Poco antes de su muerte, Lao Tsé fue persuadido por sus seguidores para que dejase constancia de las enseñanzas de su vida bajo la forma de 81 capítulos o versos. El *Tao Te King*, «Libro del Camino», ha sido fuente de reflexiones filosóficas para muchos. Utilizamos aquí el mismo formato con el deseo de hacer revivir y ofrecer la sabiduría generada por las vidas de las mujeres durante siglos, con la esperanza de que esta sabiduría no se pierda. El *Tao de las mujeres* significa «El camino de ser mujeres». Sabíamos intuitivamente que si permanecíamos en silencio y escuchábamos cuidadosamente, seríamos guiadas por las voces y mensajes de nuestras antepasadas.

Las historias de mujeres no han sido sacadas a la luz ni examinadas en publicaciones, incluso no se ha hablado de ellas hasta hace poco. Estas historias están ocultas en las colchas que cosemos, las cestas que tejemos, la cerámica que diseñamos, las canciones que cantamos, los poemas que creamos y las familias que criamos: los mensajes de vidas enteras están codificados en las tradiciones femeninas. Todas las mujeres compartimos el poder de crear; nosotras somos el origen y las ilimitadas posibilidades de la vida. En algunas breves y profundas meditaciones, intentamos captar este poder y explorar las diversas perspectivas y roles de las mujeres a lo largo de los siglos.

Incontables generaciones de mujeres han vivido antes que nosotras. Los relatos de las extraordinarias vidas de mujeres corrientes se han perdido en el tiempo o han sido olvidados. Reconocemos que las mujeres ya no se reúnen en la fuente; madres e hijas ya no se sientan unas al lado de otras; a las abuelas ya no les queda nadie a quien enseñar. Las principales líneas de comunicación entre mujeres, ya frágiles y tenues de por sí, se apartan cada vez más de nuestras vidas cotidianas.

Mientras estábamos escribiendo *El Tao de las mujeres*, en nuestro periódico local apareció un artículo de Norma Libman que relataba el reciente descubrimiento de un lenguaje milenario y secreto, usado antiguamente por las mujeres en China. Este lenguaje secreto, llamado *Nu Shu* («escritura de mujer»), se desarrolló como medio de comunicación en una sociedad que sólo permitía leer y escribir en público a los hombres. Con caracteres sencillos, sin adornos, las mujeres se comunicaban a pesar de su opresión. Este lenguaje es, a propósito, minúsculo y sencillo. Puede ser fácilmente descifrado por el ojo entrenado pero resulta prácticamente insignificante para quienes no saben qué buscar. El *Nu Shu* era dibujado entre las líneas verticales de la escritura china tradicional, o cosido en pañuelos, abanicos y servilletas enviados como simples regalos. Se nos había comentado que sólo unas pocas mujeres de avanzada edad todavía utilizan el *Nu Shu* en su vida privada, habiendo aprendido esta técnica de sus madres y abuelas. Inmediatamente supimos que esta forma secreta de comunicación debía ser valorada y preservada.

El *Nu Shu* salió a la luz pública por primera vez en 1950 en el área montañosa de Hunan, China, cuando una mujer que estaba intentando encontrar la casa de su niñez acudió a una comisaría con la dirección escrita en ese lenguaje en un trozo de papel: nadie pudo entender la escritura ni la había visto antes. No fue hasta 1982 que este lenguaje secreto pudo reunirse y traducirse con éxito.

De acuerdo a la tradición budista de esa región, cuando una persona muere todas sus posesiones son quemadas, con lo que muchos de los objetos originales que contenían dicho lenguaje fueron destruidos. La etnóloga Hung Che-ping fue a Hunan con la esperanza de preservar esta herencia cultural antes de que muriera la última transmisora conocida. Allí reunió, estudió y tradujo todos los trabajos *Nu Shu* que pudo recuperar. De no haber sido por su diligencia y curiosidad, se hubieran perdido gran cantidad de poemas, canciones, historias, cartas y autobiografías escritas a mano en *Nu Shu.*

Shi-huei Cheng, editora, traductora y miembro directivo de la organización feminista china Fundación para el Despertar, tradujo los títulos de cada uno de los 81 capítulos de que se compone *El Tao de las mujeres,* únicos ejemplos de *Nu Shu* publicados en Occidente. Ella ha dirigido un amplio trabajo de campo en Hunan con unas pocas mujeres que aún utilizan esta escritura, y ha editado algunos de los manuscritos originales junto con su traducción al mandarín. Su Chien-ling, vicepresidenta de la citada fundación nos la recomendó; queremos agradecer a ambas la gran ayuda prestada.

Nos sentimos muy honradas de que los encabezamientos de los capítulos de este libro estén ilustrados con las traducciones del *Nu Shu*. Resulta muy apropiado que el antiguo y místico Tao se asocie con el misterioso lenguaje femenino en un libro que presenta un relato contemporáneo de los caminos de las mujeres. Los caracteres tradicionales chinos han sido añadidos no sólo para mostrar la completa disparidad entre ambas formas de comunicación, sino también para mostrar cuál podría haber sido el emplazamiento original del *Nu Shu*. Esperamos alcanzar un equilibrio entre macho y hembra, lo masculino y lo femenino. Las mujeres han sobrevivido al entender el equilibrio y la totalidad: siendo mujeres que dan a luz a hombres, superando los obstáculos con suavidad y dando un paso atrás para avanzar. Celebramos y abrazamos esta sabiduría femenina.

En cada capítulo hay un lugar para que escribas tus propias reflexiones. En un esfuerzo por revivificar la tradición de transmitir historias de mujeres, te animamos a usar este libro como diario de tus pensamientos, teorías, preguntas e historias. Ha pasado mucho tiempo desde que las mujeres se relacionaban y comunicaban en profundidad, desde que las mujeres hablaban entre ellas sobre lo que significa ser mujer. Al final del libro se facilita una dirección para que puedas enviar tu reflexión favorita. Puede ser un poema, dibujo, historia, o consejo; cualquier reflexión personal que elijas. Estos capítulos son enseñanzas para vivir la vida como mujer, la sabiduría que queremos que tengan nuestras hijas. ¿Qué lecciones te gustaría transmitir? De las enseñanzas que nos conectan a todas como mujeres, ¿cuáles son las que quieres compartir?

Aunque las mujeres han sobrevivido a lo largo de la historia al permanecer en silencio, quienes escucharon pudieron percibir su poder. Las mujeres de todas las culturas, aun sin voz ni lenguaje, a menudo sin saber leer ni escribir, siempre han encontrado formas de comunicarse. *El Tao de las mujeres* es una versión moderna del lenguaje *Nu Shu*. Lee entre sus líneas y encontrarás el lenguaje eterno de las mujeres. Sólo es secreto para quienes no intentan o no quieren entender. Con estos versos y traducciones rompemos el silencio, reclamamos nuestra sabiduría como mujeres y reconocemos lo que nos une a todas. Cuando se rompe el silencio y se descifra el código, descubrimos el hilo de la tradición femenina que nos conecta como mujeres. Este hilo puede servirnos de guía a través del laberinto a medida que se van abriendo los pasadizos de la vida, llevándonos por el camino que tantas otras anduvieron antes que nosotras. *El Tao de las mujeres* está tejido con ese hilo.

Pronunciad los versos en voz alta para vosotras mismas y para las demás. Oíd las voces de nuestras abuelas y de las abuelas de nuestras abuelas en los silencios entre palabras. Visualizad las conexiones entre nosotras a través del tiempo, el espacio y la cultura. Recordad a las mujeres que vivieron antes y a las hijas que nos siguen.

El Tao de las mujeres es tu legado. Transmítelo.

Emergencia

1 Emergencia

Del Tao emergen las historias que conectan a todas las mujeres.

Los hilos han estado escondidos durante miles de años.

Los caminos han sido desgastados por los pies de aquellas que los anduvieron antes.

Las historias fueron silenciadas. Las vidas olvidadas.

Ahora el silencio se rompe; un coro se eleva. Las mujeres hablan.

Emergencia.

Reflexiones

2 *Tarea de mujeres*

Ella se atreve a crear lo extraordinario con lo ordinario.

Toma tiras, trozos, restos y hace colchas, cestas, pasteles y familias.

Tener y no tener proporciona la tensión para crear.

Ella se atreve a crear sin hacer, a tejer sin hilo y a cantar en silencio.

Cuando el trabajo de la mujer está hecho, lo deja ir. De esta forma, puede continuar sin ella.

Extraordinario.

Reflexiones

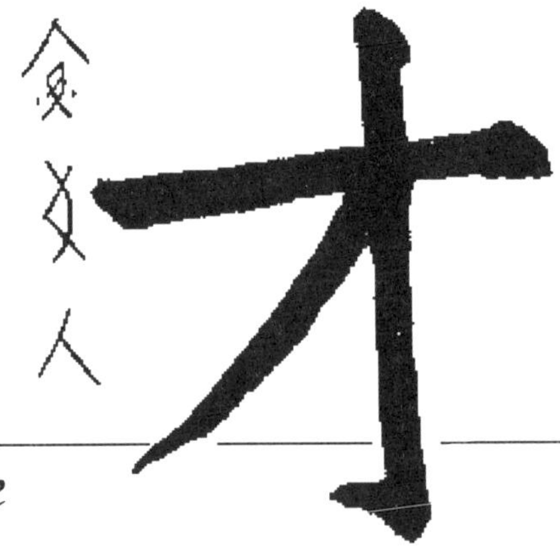

La mujer que sabe

3 *La mujer que sabe*

La mujer que sabe se ocupa de lo suyo y deja a los demás hacer lo mismo. Todo llega a realizarse cuando nos apartamos del camino de los demás.

Ha aprendido a distinguir lo que es importante y toma tiempo para visitar a su vecina. Celebra que haya mujeres famosas y honra a todas las demás alegrándose de sus conexiones.

Está segura de su lugar en el mundo y hace sitio a las demás. Toda una vida de experiencias la han conducido hasta aquí.

Continentes

4 *Continentes*

Ella contiene lo que alimenta al mundo.

Derramándolo libremente, la mujer sabia
sacia primero su propia sed.

Equilibrio

5 Equilibrio

La mujer sabia es como una madre; trae al mundo el bien y el mal. La mujer sabia es neutra; abre sus brazos a toda la gente.

El Tao es como la mujer sabia; está libre de desviación y permanece equilibrado. Cuanto más da, más tiene. Cuanto más se habla de ella, menos se la entiende.

Permanece centrada, equilibrada.

Reflexiones

Útero

6 Útero

La mujer sabia recuerda sus orígenes.
A menudo vuelve a ellos buscando
la renovación y el renacimiento.

A los hijos del mundo
la Madre Tierra les ofrece
un lugar seguro por explorar,
una fuente de nutrición
y la posibilidad de crecer.

La mujer sabia es guardiana del orden
natural de la creación.

Conexión

7 Conexión

La mujer sabia mantiene su conexión con todas las cosas al soltarlas.

El niño que se apega a su pecho no se hace hombre.

Suelta.

La niña que vive de los sueños de su madre no se hace mujer.

Suelta.

La red que sostiene a la araña no puede verse. Sin embargo, mantiene la conexión que le da libertad y seguridad.

Suelta.

Fluida

8 Fluida

La mujer sabia puede tomar la forma de su espacio pero no pierde su forma. No le es esencial a su naturaleza mantenerse dentro de las líneas.

No renuncia a lo que la mantiene unida; por tanto, es libre.

Reflexiones

Plenitud

9 Plenitud

A la copa llena no le cabe más. La copa vacía espera ser llenada.

La copa de la mujer sabia está siempre a medias, preparada para dar y preparada a recibir.

Dar a luz

10 *Dar a luz*

¿Puedes dar a luz y después soltar? ¿Puedes cuidar de los demás y seguir cuidando de ti misma?

¿Puedes mostrar a otros el camino sin perder el tuyo propio? ¿Puedes proporcionar seguridad y atreverte a arriesgarte a lo desconocido?

¿Puedes calmar el miedo de los niños y quedarte con el tuyo?

Todo lo que tocas cambia. Cambias todo lo que tocas. El proceso es creación.

Reflexiones

11 Entre los trazos

El espacio entre los trazos crea el cuadro. Perfilando el significado de nuestras vidas, la figura y el fondo se invierten. No es una ilusión.

El vacío está lleno; la plenitud no deja sitio al vacío.

Fuera de los márgenes se halla su tierra virgen, su lugar para estar con otras mujeres, recordando los espacios sagrados que hay entre los trazos para quienes los buscan.

El vacío está lleno. Entre los trazos se alberga el misterio.

Reflexiones

Intuición

12 *Intuición*

Su poder reside en percibir la vida directamente, sin ponerle nombre.

Intuición: inteligencia más allá de las palabras; estrategias de supervivencia.

Confía en tu inteligencia. Sé sensible a lo esencial.

Su yo/Ella misma

13 Su yo/Ella misma

Escalar la montaña o bajarla, tener éxito o fracasar, el proceso es el mismo. Paso a paso. ¿Qué es más difícil?

Manteniendo sus conexiones con la tierra, está conectada consigo misma. Cada paso que la mujer sabia da es suelo sagrado.

Sabiduría

14 Sabiduría

Si buscas la sabiduría, atrévete a saltar los límites y a salirte de lo establecido. Siéntate junto a las mujeres y hombres que trabajan con sus manos. Participa en la vida.

Escucha a los profesores y habla con los demás alumnos. Cierra los libros. Conocimiento no es sabiduría.

Reflexiones

15 Mujeres sabias

Las mujeres sabias caminan junto a nosotras haciendo de hermana, hija, amante, madre, amiga. Hacen lo que hay que hacer y siguen adelante sin obtener reconocimiento.

Las apariencias engañan. ¿Cómo puedes ver sin estar preparada? La mujer sabia no busca reconocimiento, no quiere ser mal interpretada.

La mujer sabia sabe sobrevivir. Aparece bajo formas diversas.

Si quieres conocerla, comienza ahora. Camina por las calles de la ciudad. Escala las montañas. Lee libros. Habla con las vírgenes. Mira en tu espejo. Está por todas partes.

Ciclos

16 Ciclos

Debe haber separación antes de que alguien pueda volver. Debe venir el invierno antes de que pueda llegar la primavera.

Cada semilla necesita un tiempo para crecer; cada mujer necesita un tiempo para sí misma.

La luna crea las mareas. La mujer que está en contacto con su propia naturaleza da la bienvenida al flujo y reflujo de la vida.

Comadrona

17 *Comadrona*

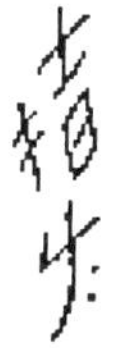

En el proceso del nacimiento, la mujer sabia permite a la madre dar a luz por sí misma.

Una comadrona retira los obstáculos, crea seguridad, y se quita de en medio.

Después del nacimiento, la madre se siente orgullosa del proceso de nacimiento natural.

«Lo hice yo sola» —dice, mientras la comadrona desaparece.

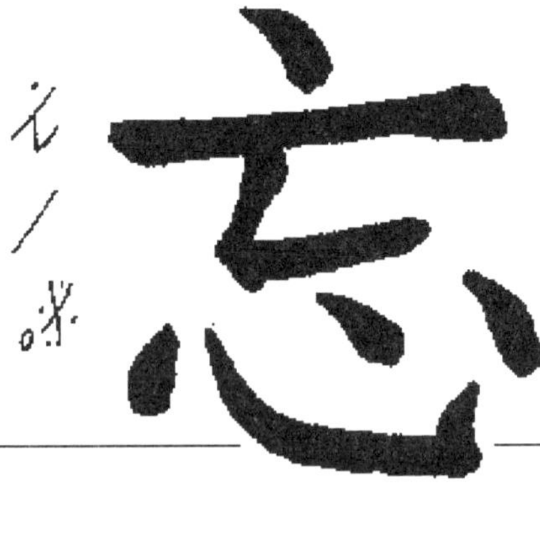

Olvidar/Recordar

18 Olvidar/Recordar

Cuando los aspectos femeninos se olvidan, sólo se oyen historias de hombres.

Sin historias de mujeres, sólo nacen héroes masculinos.

Cuando la lengua hablada sólo puede ser entendida por la mitad de la comunidad, se pierde la sabiduría de los siglos.

No debería ser necesario reinventar la rueda cada generación.

Fluir desde el centro

19 *Fluir desde el centro*

Trabajando desde su centro, la mujer sabia se mueve hacia afuera. Hace lo que hay que hacer.

Deshazte de los «debería» y el trabajo se hará.
Deshazte de los roles y todo el mundo podrá participar.

Trabajando desde su centro, la mujer sabia encuentra poca resistencia.

La vida fluye.

Solitaria

20 Solitaria

Cuando dejas de preocuparte, tus problemas desaparecen. ¿Importa realmente si ganas o pierdes? ¿Importa realmente seguir a la multitud e imitar a otros?

Aunque otros renuncian a su identidad para encajar en los moldes, no me importa. Me sitúo junto a los niños en su inocencia.

Aunque otros tienen posesiones, yo permanezco vacía y sin un hogar. Mi mente sigue abierta.

Otras mujeres brillan; yo soy opaca. Otras mujeres son agudas; yo soy roma. Otras mujeres tienen un propósito; yo sigo buscando.

Vivo sin rumbo como la nieve en una tormenta. Parezco no tener dirección ni meta.

Sin embargo, en mi diferencia, estoy sólidamente conectada con la tierra.

Reflejo

21 Reflejo

No porque se la nombre la luna está domada. Las mareas vienen y van como siempre.

Oscuro, impenetrable y misterioso, el poder del reflejo está en proporción directa con el poder del Origen.

Uno no puede existir sin el otro. Los obstáculos bloquean.

Reflejar

22 Reflejar

Hacer añicos el espejo no elimina la imagen. Cada pieza contiene la totalidad. Cada semilla contiene el núcleo para la grandeza. La mujer sabia refleja el potencial en todos los asuntos.

Encarnación

23 *Encarnación*

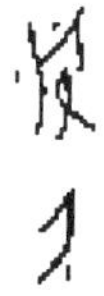

Confía en tus instintos. Encarnan tus auténticas respuestas a tu entorno.

Cuando la vida trae dolor, abraza tu pena y tu tristeza. Cuando proporcione alegría, celebra tu felicidad.

La mujer sabia encarna la gracia de este momento, y después se entrega al siguiente.

Reflexiones

Enraizada

24 *Enraizada*

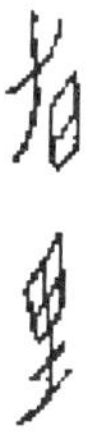

Forzándose demasiado a sí misma, llega a romper sus conexiones. Permaneciendo demasiado ocupada, no tiene tiempo. Haciendo por los demás, se descuida a sí misma.

Definiéndose sólo a través de los demás, pierde su propia definición.

La mujer sabia riega primero su propio jardín.

Fuente

25 Fuente

El ciervo busca la fuente de su propio almizcle, la mujer la fuente de su propio poder. Cuando ella se lo atribuye a otros, los reafirma. Cuando cesa su búsqueda, se da cuenta de la verdad.

Imagina los logros que obtendría si comenzara a buscar en casa, dentro de ella misma.

Reflexiones

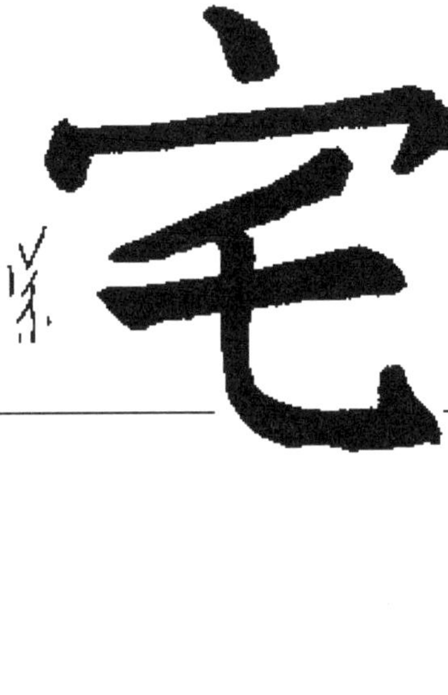

Hogar

26 Hogar

La oscuridad es el origen de la luz. La quietud es el principio del movimiento.

La mujer sabia es capaz de viajar sin dejar nunca su casa. Incluso cuando hay muchas distracciones permanece centrada en sí misma.

¿Por qué corretearía una mujer sabia como un polluelo? Cuando estás desapegada te olvidas de dónde está tu casa; cuando dejas que otros influyan sobre ti, pierdes contacto contigo misma.

Reflexiones

Viajar

27 *Viajar*

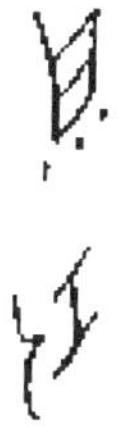

Incluso el desierto guarda regalos para quienes lo cruzan. El camello evoluciona como necesita.

Traza tu ruta. Haz el mapa de tu viaje. Pierde tu camino en las curvas y giros de la vida. Sigue el camino menos transitado y llega cada día a tu destino.

Estar perdida es una cuestión de perspectiva. Estáte preparada pero viaja ligera de equipaje.

Opuestos

28 Opuestos

En el baile de la vida, los opuestos crean la función. Hombre no es mejor que mujer; luz no es mejor que oscuridad. Ambas son necesarias para la totalidad.

Si sólo ves las diferencias, pierdes la perspectiva. Escala la montaña para ver los valles. Ambos tienen lecciones que enseñar.

Admirando la estatua, la mujer sabia aprecia la piedra. Las posibilidades se vuelven infinitas cuando nos ocupamos del origen.

Estaciones

29 Estaciones

Celebra el cambio de estaciones en tu vida:
Infancia, Adolescencia, Mujer, Bruja. Imita a la Madre Naturaleza como si tuvieras elección.

Todas las cosas tienen su tiempo. No empujes ni bloquees el río; va donde debe ir.

Coraje

30 Coraje

Las mujeres, aventurándose en lo desconocido, crean caminos para quienes vienen detrás. Ser la primera en hacer algo crea oportunidades para que otros también lo hagan. Se vuelve menos arriesgado.

Las mujeres sabias recuerdan a sus abuelas, sin embargo siguen su propio camino. Este es el Tao de las mujeres para ser exploradoras.

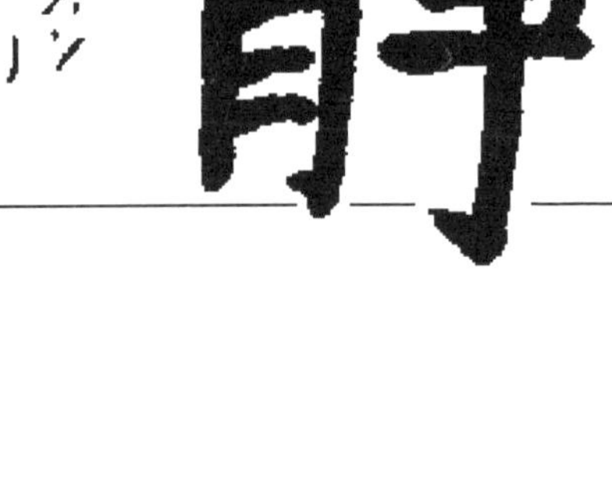

Silencio

31 Silencio

El silencio es la herramienta de los opresores. ¡Habla!
¿Quién va a decir la verdad si no lo hacemos tú y yo? ¡Habla!
Si nadie oye nuestras palabras ¿quién aprenderá nuestra lengua? ¡Habla!
Si nadie aprende nuestra lengua, ¿quién nos entenderá? ¡Habla!
Si nadie nos entiende, seremos mal interpretadas. ¡Habla!

Rodéate de mujeres y di tu verdad. Tanto hombres como mujeres te escucharán.

¿Quién romperá el silencio? ¡Habla!
¿Quién enseñará a nuestras hijas si no lo hacemos tú y yo?
¡Habla!

Reflexiones

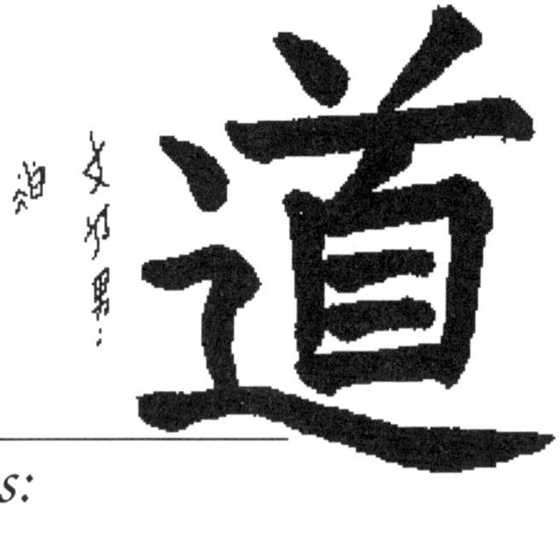

Mujeres y hombres: el Tao

32 *Mujeres y hombres: el Tao*

Hombres y mujeres en armonía reflejan el Tao. Cuando trabajan juntos, la suma de las partes es mayor que la totalidad.

El hombre no es más grandioso ni la mujer es más bella; las palabras sólo son reflejos de las personas que las dicen. Los ríos mantienen cursos separados para mezclarse en el océano. La tierra acepta al sol al final de cada día.

Dependiendo de tu perspectiva, el sol de mediodía está saliendo o poniéndose.

Reflexiones

Conócete a ti misma

33 *Conócete a ti misma*

Busca la sabiduría de conocer a otros. Permanece en calma y conócete a ti misma. Inspira.

Trabaja para organizar tu vida. Permanece en calma y observa las pautas. Expira.

Marca tus prioridades y créate metas. Permanece en calma y mira tu camino.

Inspira; expira. Inspira; expira.

Permanece en calma. Ahí, entre tus respiraciones, conócete a ti misma.

Reflexiones

Misterios de las mujeres

34 Misterios de las mujeres

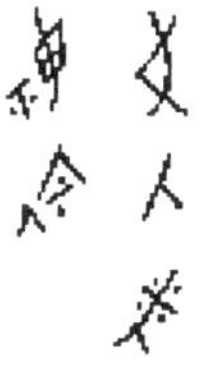

La luz sigue a la oscuridad; la oscuridad sucede a la luz. Los ciclos lunares sólo reflejan partes de la totalidad; los patrones instintivos hacen eco a la luna. Confía en que tu intuición te lleve a casa.

Ni más que la luna, ni menos que el sol. Misterios insondables celebrados por iniciadas hace mucho tiempo.

Andar por el camino sagrado

35 Andar por el camino sagrado

No hay camino que no haya sido ya andado por las mujeres que vivieron antes. No caminas sola.

Demeter, Perséfone, Atenea, Penélope, Diana, Débora, Cecilia. Todas ellas han estado aquí antes que tú.
No caminas sola.

Sus viajes, sus vidas, sus historias permanecen para guiar tu camino.
Escucha a las mujeres que han caminado antes que tú. No te perderás.

La forma de ser de las mujeres

36 La forma de ser de las mujeres

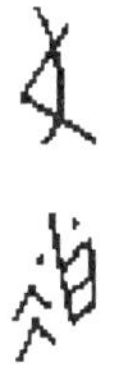

Ella permite que su hija, sentada a su lado, dé la primera puntada. La mujer sabia no se apresura a deshacerla. Sonríe, acepta y continúa con su propia labor.

Las hijas siguen el modelo de las madres. Actúan sabiamente.

Las hijas observan.

Reflexiones

Transformación

37 *Transformación*

Haz más haciendo menos. La vida se transforma durante los periodos de inactividad. No hagas nada, y empezarás a conocer el Tao de las mujeres.

Guiones

38 Guiones

La mujer sabia representa los papeles que le dan pero crea su propio guión. Reconoce la verdad y no intenta mantener ilusiones.

No limitándose a sí misma, no culpa a los demás.

Es libre de crear sus propias aventuras.

Reflexiones

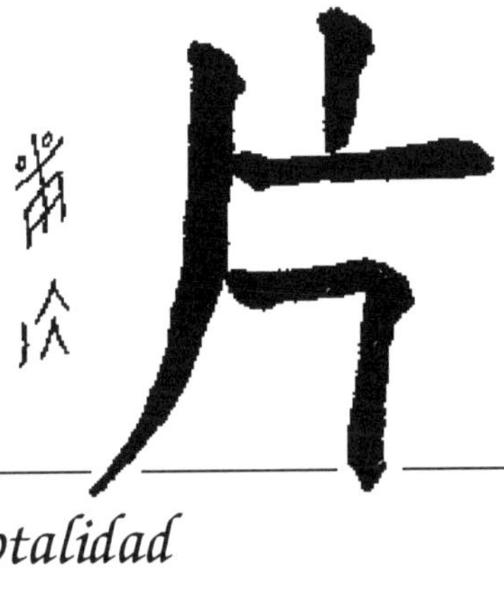

Fragmentos de la totalidad

39 Fragmentos de la totalidad

La mujer sabia reconoce la totalidad en cada pequeña parte. Nada se pierde en la vida. Todo tiene su lugar y su parte en el juego.

Cada copo de la nevada es único. Cada trozo de la colcha es distinto. Juntos, cubren la tierra. Separados, se pierde el patrón.

La mujer sabia ve cada pieza con compasión y esperanza. Sabe que cada una contribuye a la totalidad. Como maestra tejedora, une las piezas y las partes para crear vida a su alrededor.

Retorno

40 Retorno

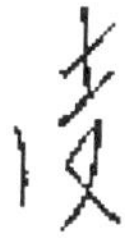

Una vez que se han enfrentado los dragones, cruzado los desiertos y se ha despejado el sendero del bosque, es la hora de volver.

Elige sabiamente. Reúne tus regalos y recuerda tus lecciones. Ahora eres frágil. Sé delicada contigo.

Desde el exterior: entra. Desde el interior: sal.
Las fronteras son permeables pero peligrosas.
Los recuerdos son reclamados y las lecciones olvidadas.

Busca otras compañeras y di tus verdades, a menos que quieras que se olviden.

Sendero

41 *Sendero*

La mujer sabia, cuando oye hablar del Tao, comienza a seguirlo. La mujer común pondera qué camino seguir. La mujer necia sólo ve obstáculos en el camino.

Algunos dicen que el sendero es oscuro e interminable.

La mujer sabia sigue su trayecto, creando luz en la oscuridad y un sendero donde no lo había.

Sus huellas indican el camino.

Comunidad de «una»

42 *Comunidad de «una»*

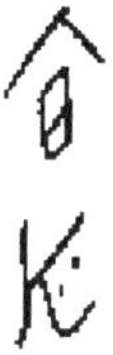

Una crea dos. Dos crean tres. Todas las cosas son nacidas de mujer. Hombres y mujeres trabajando en armonía, opuestos que convergen, traen la posibilidad de la verdadera unión. Las posibilidades son ilimitadas.

A muchos les disgusta estar solos. La mujer sabia se queda sola para experimentar la soledad. Recordando su lugar en el plan de las cosas, reconoce su conexión con el mundo entero.

Suave

43 *Suave*

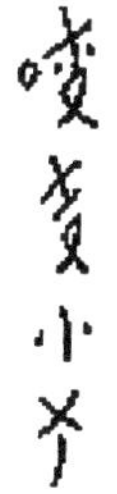

Los modos de las mujeres son suaves y pueden superar lo duro. Cuando hay flexibilidad hay espacio para lo nuevo. La suavidad es valiosa.

Cuando el viento sopla, el junco se dobla y así se conserva. Creciendo en la oscuridad, el musgo señala el camino.

La mujer sabia, acompañando la corriente, redondea hasta la roca más afilada.

Satisfacción

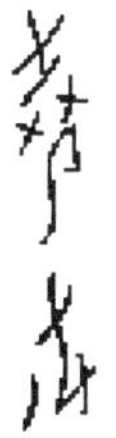

44 Satisfacción

¿Qué es más importante para ti, ser famosa o ser honesta? ¿Qué es lo que valoras más: ser rica o estar contenta? ¿Qué te resulta más difícil: tener éxito o fracasar?

Si buscas tu alegría en los demás, no puedes estar contenta. Si tu satisfacción depende de la riqueza, no estarás satisfecha contigo misma.

Cuando eres feliz con las cosas tal como son, puedes celebrar lo que tienes. Cuando te haces consciente de que no falta nada, tu mundo está en armonía.

Reflexiones

Hacer el trabajo del Tao

45 Hacer el trabajo del Tao

Cuando se trabaja con las piezas, puede ser difícil ver la totalidad. El trabajo puede parecer imposible, pero lo imposible puede suceder.

El trabajo diario parece tedioso, pero las tareas finalmente se terminan.

Dejando que las cosas ocurran naturalmente, la mujer sabia se hace a un lado.

Miedo

46 Miedo

Ante lo desconocido, la mujer sabia se vuelve cauta. El miedo no le impide seguir aventurándose.

Usando la energía creada por el miedo, transforma sus visiones en seguridad. Lleva consigo a sus hijos.

Creando seguridad, no queda nada que temer.

Hombres y mujeres viven en armonía.

Confiar en las emociones

47 *Confiar en las emociones*

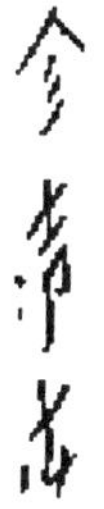

Cuando no enjuicias tus sentimientos, puedes experimentar un mundo de posibilidades. Confiando en tus emociones, puedes entender el Tao de las mujeres.

Cuantos más hechos acumulas, más difícil es entender.

Sin partir, la mujer sabia comienza su viaje. Confía en sus emociones y comprende sin esfuerzo.

Reflexiones

Rituales

48 Rituales

Aprendiendo sobre lo sagrado, una se hace consciente de lo profano. Se crea la oposición. Uno se convierte en mejor que el otro.

Cuando lo ordinario se convierte en sagrado, se honra cada cosa de la vida. Las tareas cotidianas se convierten en rituales.

El hacer y el no hacer son el Tao de las mujeres.

Familia

49 *Familia*

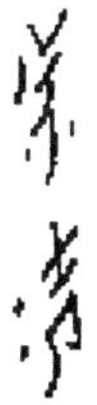

Extendiendo sus lazos familiares, la mujer sabia abraza a toda la humanidad. Obrando con madres en todo lugar, crea pueblos para criar a cada niño.

Cuando la familia está confusa, se le culpa a ella y entonces trabaja más.

Cuando la familia está en armonía, ella reconoce los logros de los suyos.

Ella es la madre de la familia humana.

Reflexiones

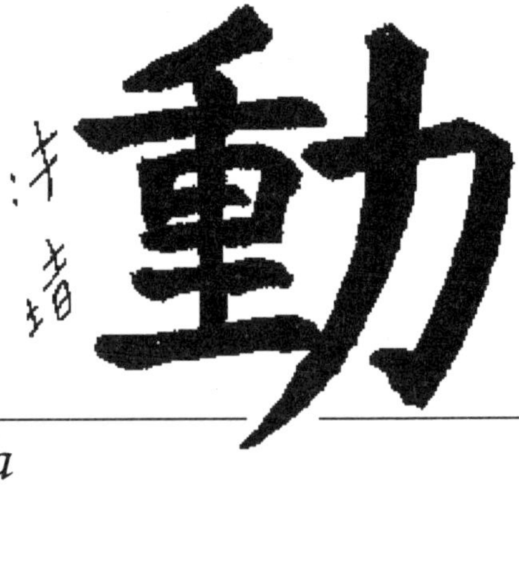

50 *Ritmos de la vida*

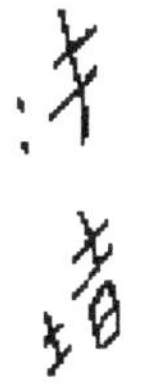

La mujer sabia se abandona a los ciclos y ritmos de la vida. Sabe que todo debe acabar y es capaz de soltar todas las cosas.

No hay fantasías en su mente, ni vanidades en su cuerpo. No tiene ya decidido cuál será su comportamiento; actúa desde la madurez del corazón.

No se retira de la vida; es consciente de su propia mortalidad. Sabe que la rosa vuelve a la tierra después de florecer.

Reflexiones

Madre Naturaleza

51 *Madre Naturaleza*

Cuando busques el Tao, mira a la madre naturaleza. Los ríos fluyen al mar, los árboles cambian con las estaciones, la tierra produce comida, el cactus florece en el desierto.

La mujer sabia se aferra instintivamente a sus raíces.
Seguir a la madre naturaleza es el Tao de las mujeres.
La comprensión radica en cómo son las cosas.

Reflexiones

Encontrar tu camino

52 Encontrar tu camino

El Tao es el principio. Todo procede de él; todo volverá a él.

Para encontrar tu camino, vuelve al principio. Debes regresar por el camino que viniste.

Cuando ves a los niños, síguelos hacia sus padres. Se aliviará tu pena cuando recuerdes de dónde vienes.

Cuando ves a través de la oscuridad, hay luz. Cuando te retiras eres fuerte. Mira dentro y encuentra tu camino.

La vida no es siempre lo que parece. Evita los juicios y no te dejes llevar por las apariencias.

Estás en el camino correcto.

Permanecer en el camino
cuando se pierde el rumbo

53 *Permanecer en el camino cuando se pierde el rumbo*

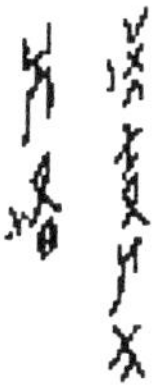

Si pierdes el rumbo, permanece tranquila hasta encontrarlo. Hay algo dentro de ti que sabe cuál es la dirección a seguir.

Si el camino es ancho, camina junto a los demás. Cuando se estrecha, camina sola. Los puentes que cruzas fueron construidos por alguien que conoce el trayecto.

Cuando muchos son ricos mientras otros pasan hambre y los recursos se gastan en bombas en lugar de en niños, se pierde el sendero, se olvida el rumbo.

Mantente tranquila y recuerda. En la quietud, encontrarás el camino.

Reflexiones

Las mujeres que vinieron antes

54 *Las mujeres que vinieron antes*

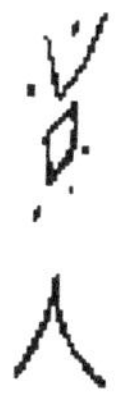

Las mujeres que vivieron en el Tao no serán olvidadas. Las mujeres que caminan con el Tao no se perderán. Sus nombres se recordarán, son las que vinieron antes.

Cuando pones el Tao en tu vida, te conviertes en quien debes ser. Cuando el Tao esté presente en tu familia, tu familia será nutrida. Cuando el Tao esté presente donde vives, tu geografía se convertirá en un lugar que enseñe a otros lugares del planeta. Cuando el Tao esté presente en el mundo, quizá se oiga una canción global.

¿Cómo puede esto ser verdad? Mira dentro de ti. Escucha a las que vinieron antes. Escucha cómo tu voz pronuncia las palabras de tu madre. Las mujeres que nos precedieron no serán olvidadas.

Reflexiones

Inmunidad natural

55 Inmunidad natural

Aquella que vive su vida en el Tao es como una planta joven. El tronco es flexible, la corteza tierna, pero está firmemente enraizada en la tierra. No sabe cómo se conciben los niños, sin embargo lleva una nueva vida dentro de sí. Puede doblarse con el viento eternamente y no ser arrancada, porque está en armonía con la tierra.

Las mujeres sabias tienen inmunidad natural. Dejan que todo fluya, sin trabajo, sin deseos. Se olvidan de las expectativas y nunca se quedan sin saber qué hacer. Porque no están perplejas, sus almas viven eternamente.

Espíritu creativo

56 Espíritu creativo

Invocas la energía de la musa cuando te detienes y escuchas el silencio interior. Creando chispas brillantes de las ascuas medio apagadas, está sólo a una respiración de distancia.

Las expresiones del ser esperan nacer. Mira las manos de la alfarera, el ojo de la tejedora, la técnica de la cestera.

El espíritu creativo sigue viviendo en las tareas de las mujeres.

De lo común a lo heroico

57 De lo común a lo heroico

Si te importan los hombres y mujeres, hazte consciente del Tao. Cuando dejas de esforzarte y sueltas al otro, la vida se hace cargo de sí misma.

Cuantas más reglas hagas, menos gente las seguirá. Cuantos más objetos tengas, menos segura te sentirás. Cuanto más cuides de los demás, menos cuidarán de sí mismos.

La mujer sabia dice: «Olvido las reglas, y la gente sigue las suyas propias. No controlo el dinero y la gente gana el suyo propio. No predico ninguna religión y la gente se hace más espiritual. Me olvido de hacer mejores a los demás y la gente se hace buena por sí misma».

La mujer heroica, llevando una vida normal, logra lo extraordinario.

Generaciones de mujeres enseñando a los niños, cultivando alimentos, confeccionando prendas, creando hogares.

¿Qué podría ser más heroico?

Entregarte

58 Entregarte

Cuando se trata a las mujeres con respeto, todas las personas son respetadas. Cuando se las oprime, todos nos volvemos reprimidos y falsos.

Cuando los que detentan el poder tienen grandes expectativas, se dan resultados inferiores. Cuando intentas animar a la gente, la preparas para el descontento. Cuando intentas que la gente sea honrada, dispones los cimientos de la falsedad.

La mujer sabia es feliz de ser un modelo y no intenta controlar a los demás. Tiene filo pero no apuñala a otros. Es directa pero humilde. Brilla y resplandece pero no ciega.

Por encima de todo, respétate a ti misma. Entrega tu tiempo, tu energía, tu dinero, pero no tu alma.

Cuando vives para otra persona, no tienes vida propia. Cuando te entregas, no queda nada.

¿Quién respetará a quienes no se respetan a sí mismas?

Reflexiones

Nutrir

59 Nutrir

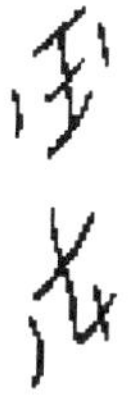

Nutrir es importante para el liderazgo. Guiar a otros requiere compasión. La paciencia es valorada y lo impregna todo. La resolución y el compromiso son firmes, y sin embargo flexibles.

El pájaro alimenta instintivamente a sus pequeños. Todo es posible.

Reflexiones

Incubación

60 Incubación

La mujer sabia sabe que para hacer un buen *soufflé* no puede abrir el horno demasiado pronto ni agitar el contenido innecesariamente.

Date el tiempo y el espacio de crecer hasta tu pleno potencial. A medida que crece tu poder, el mal no te puede afectar. Has aprendido a dejarlo de lado.

No te conviertas en una víctima,
y la opresión cesará.

Reflexiones

Receptiva

61 Receptiva

Los ríos y arroyos son acogidos en el mar. Aceptando a todos, nadie queda fuera. Cuando una sabe que es parte de algo más grande que ella, se puede relajar.

El río se desborda cuando sus orillas son rebasadas. Respeta tus límites; simplemente haz lo que puedes hacer.

Reflexiones

Contar historias

62 Contar historias

Las costumbres de las mujeres son fundamentales para el mundo. Las mujeres sabias los valoran; la gente necia los evita.

Los premios se otorgan al trabajo excepcional; el honor puede alcanzarse destacando; sin embargo, las costumbres de las mujeres están por encima de cualquier recompensa y no pueden ser compradas o ganadas.

Cuando halles una mujer extraordinaria, siéntate a su lado. Observa y escucha cómo teje sus historias dentro de tu vida.

¿Por qué valoramos a nuestros mayores? Porque conservan las historias que conectan nuestras familias.

Discernimiento: seleccionar las semillas

63 *Discernimiento: seleccionar las semillas*

Sé sin hacer; trabaja sin tensión. Piensa en el individuo como ser universal y en todas las mujeres como tu familia. Enfrenta lo difícil mientras aún es fácil. Completa grandes tareas con un gran número de pequeñas acciones.

La mujer sabia no espera grandeza. Se vuelve grande ante la adversidad. Atiende a los detalles y el problema se resuelve.

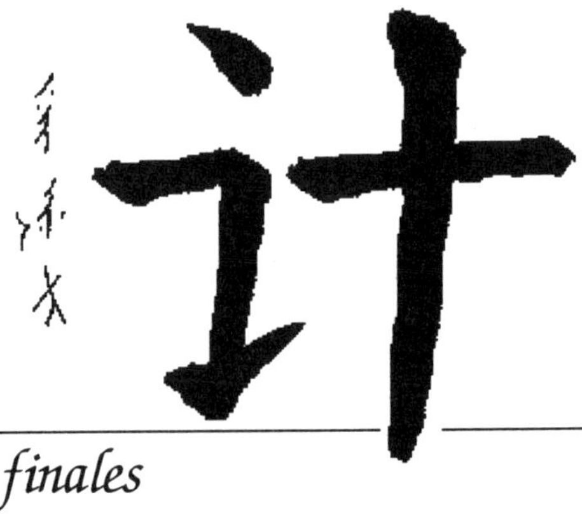

64 Principios sin finales

Lo que ya ha comenzado es fácil de mantener. Lo nuevo es fácil de cambiar. Lo rígido es fácil de romper. Lo que está suelto puede ser desmembrado.

Es más fácil prevenir antes de que comience la dificultad. La planificación y el orden se dan antes de empezar. El roble crece de la bellota. Un largo viaje se inicia con un solo paso.

Cuando los comienzos son apresurados, el resultado es el fracaso. Intentando controlar se pierde el control. Forzar un final destruye la consumación natural.

La mujer sabia actúa participando en el desarrollo. Permanece serena en el proceso.

Reflexiones

Sencillos modelos

65 Sencillos modelos

Las mujeres sabias no intentan cambiar a la gente, pero ofrecen un ejemplo de supervivencia. Cuando la gente cree que conoce el camino correcto, es difícil de cambiar. Cuando la gente entiende que no sabe, entonces puede empezar a cambiar.

Si quieres aprender sobre mujeres, no intentes controlarlas o dirigirlas. El camino ordinario es el más simple. Cuándo estás en paz con lo obvio, puedes ayudar a la gente a encontrar el camino de su auténtico yo.

Reflexiones

Colaborar

66 Colaborar

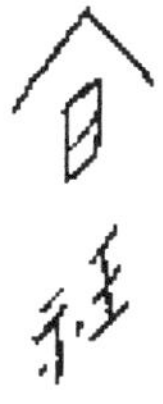

Trabajando en armonía con los demás, la mujer sabia puede lograr grandes cosas. Este ha sido siempre el camino de las mujeres. Coser colchas, hacer cestas, cultivar alimentos, la comunidad es una familia.

El aislamiento no es sano para el individuo o la comunidad. Es mejor recordar las antiguas formas.

Reflexiones

67 *Regalos para sí misma*

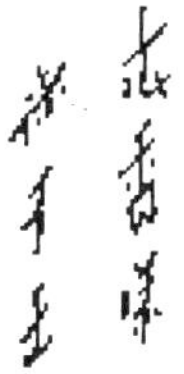

Según pasa la vida la mujer sabia se enfrenta a tres tareas: aprender a conocerse a sí misma, aprender a confiar en sí misma y aprender a asumir riesgos.

Conociéndose a sí misma, aprende a conocer a los demás.
Confiando en sí misma, aprende a confiar en los demás.
Asumiendo riesgos, adquiere el coraje de dejar ir.

La mujer sabia recibe los mejores regalos de sí misma.

Reflexiones

Espíritu juguetón

68 *Espíritu juguetón*

Los niños en sus juegos crean las reglas sobre la marcha; pintan fuera de las líneas y crean compañeros imaginarios.

Lo imaginario se hace real. Lo real es imaginario. No hay límites.

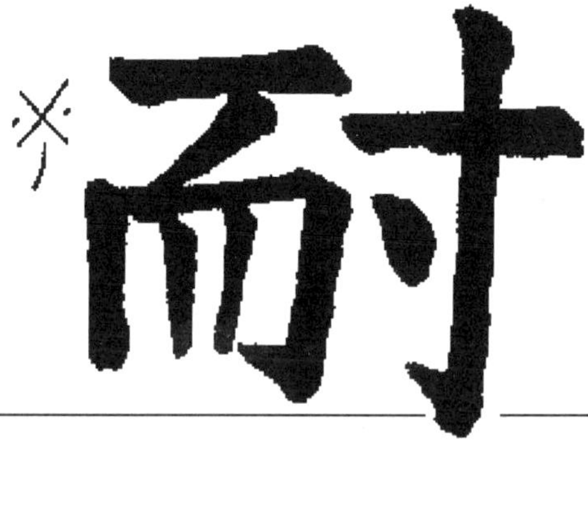

Paciencia

69 Paciencia

Cuando planta la semilla, el jardinero no espera resultados inmediatos. Hay mucho que hacer para preparar el cultivo.

Avanzar a menudo requiere retroceder. Cediendo, la mujer sabia gana terreno.

Espiritualidad

70 Espiritualidad

Los caminos de las mujeres son del espíritu y de la tierra. ¿Cómo se puede entender esto?

Sintiendo sus creencias y actuando según su intuición,
la mujer sabia honra las conexiones que se le han dado.

Curación

71 Curación

Estar vacía crea la oportunidad de crecer. ¿Es el útero un lugar vacío?

Cuando una mujer acepta sus problemas, está preparada para comenzar a sanar.

La crisis es una oportunidad. La mujer sabia percibe la verdad y está preparada para completarse. La curación se produce después de la herida.

Reflexiones

Modelar

72 *Modelar*

Cuando la gente olvida su sabiduría, busca líderes. Cuando no confía en su sabiduría, depende de los mensajeros.

La mujer que sabe se distancia para que no haya malentendidos. Modela el mensaje para que otros puedan descubrir su propia sabiduría.

Reflexiones

La trama del mundo

73 *La trama del mundo*

Las mujeres del Tao están en paz. Sobreviven sin competir, hablan sin palabras, saben cuándo irse y viven sin controlar.

El Tao es la trama del mundo. Aunque
hay espacio entre los hilos,
nada cae de la red.

Captura lo necesario, lo mantiene firmemente agarrado, y suelta suavemente. Conexiones.

El Tao de las mujeres.

Reflexiones

Cambio

74 Cambio

Cuando las mujeres saben que todo cambia, son libres de soltar. Si no temen la pérdida, todo es posible.

Intentar impedir el cambio, es como intentar ser el creador. Jugar el papel de creador aumenta el riesgo de pérdida.

75 *Cortar la cuerda*

Cuando el precio de algo es demasiado alto, la gente prescinde de ello.
Cuando el país es demasiado represivo, las mujeres pierden su libertad.

Cuando la gente trabaja unida, puede crear la posibilidad.

Reflexiones

Sutilezas

76 Sutilezas

Las mujeres sobreviven siendo flexibles; rígidas, se vuelven quebradizas y se rompen.

Todo lo que tiene fuerza se adapta al entorno. Todo lo que es forzado y no cede predice el fracaso y la muerte.

Las mujeres flexibles y sutiles mantienen su forma de vida. Las rígidas y difíciles no sobrevivirán. Las flexibles y suaves continuarán.

Estabilidad

77 *Estabilidad*

En el mundo, el Tao es como una danza. La música provee de equilibrio al movimiento de la danza. Ambos son necesarios para crear estabilidad.

Los que intentan alterar el equilibrio para proteger su poder van en contra del Tao. Van demasiado rápido y no escuchan la música. El poder cambia el orden natural.

La mujer sabia continúa bailando porque su música no acaba. Se mueve sin pensar, continúa sin fatiga, y valora la contribución de las demás.

Cuando la naturaleza provee el equilibrio, se crea la armonía. Firmemente enraizada en la tierra, la mujer sabia es libre de moverse al ritmo de su propia música.

Reflexiones

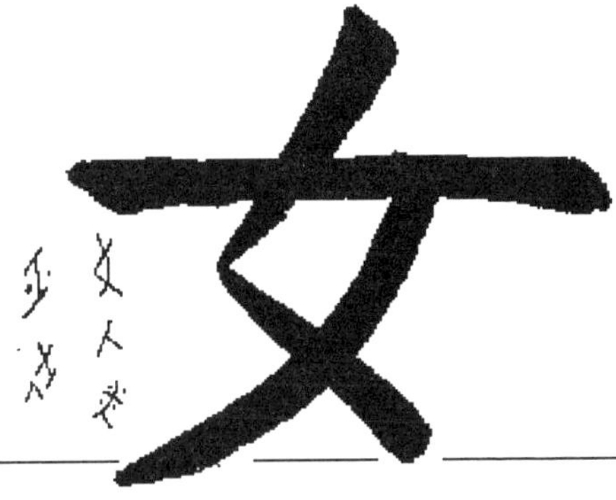

El poder de lo femenino

78 El poder de lo femenino

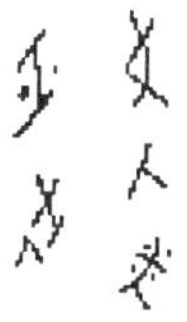

El agua cede, sin embargo puede desgastar las rocas y piedras. Lo suave desgasta lo duro. Lo fácil dura más que lo difícil. Todo el mundo sabe que esto es verdad, sin embargo pocos practican la suavidad.

La mujer sabia, por tanto, persevera ante la dificultad. Por haber renunciado a sus apoyos, se convierte en el mayor apoyo de los otros.

El poder de lo femenino es paradójico.

Reflexiones

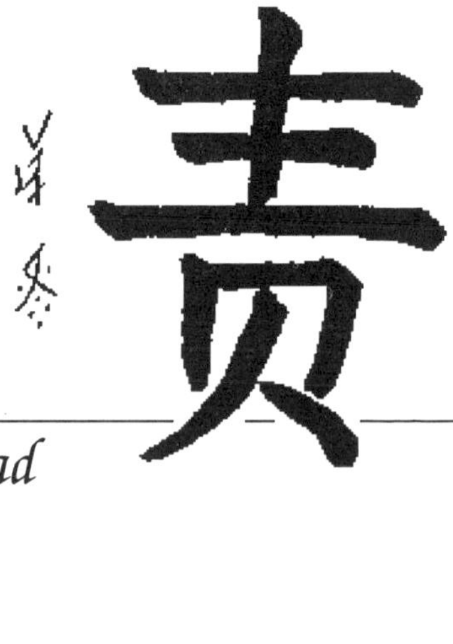

Autorresponsabilidad

79 Autorresponsabilidad

Tomando la responsabilidad de su vida, la mujer sabia no se contenta con ser una víctima; va más allá de sus heridas y cuenta una historia diferente.

Atascarse en acusaciones no acaba con su condición de víctima. La vida puede ser injusta para quienes no se dan cuenta de la posibilidad de crecer.

Reflexiones

Establecer prioridades: decir «No»

80 Establecer prioridades: decir «No»

Intenta vadear un arroyo turbulento que arrastra el peso de las expectativas sociales y te ahogarás.

La mujer sabia aprende a decir que «no» para que los niños se manejen por ellos mismos. Sabe que esto es sano. Hacer cosas por otros crea dependencia y resentimiento.

Reflexiones

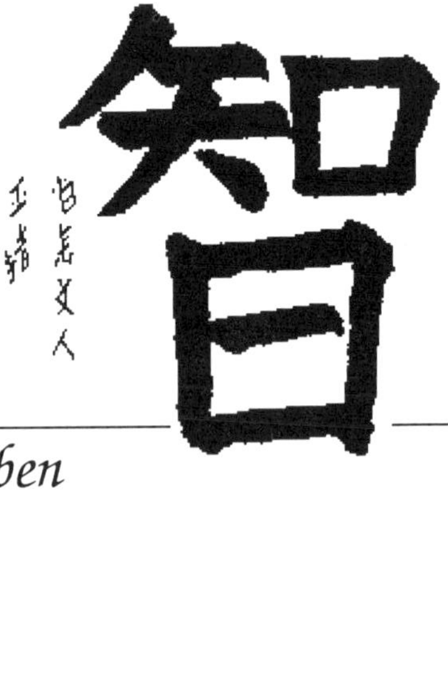

Las mujeres que saben

81 *Las mujeres que saben*

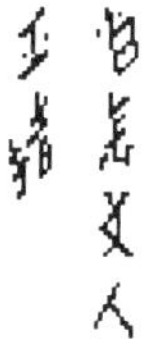

Las mujeres que saben se dan la vuelta para saludar a las mujeres que vienen detrás. Las mujeres sabias descansan, sabiendo que la libertad viene del viaje mismo.

El Tao de las mujeres nutre; el sendero está bien atendido.

Bibliografía

Aburdene, P. and J. Naisbitt., *Megatrends for women.* New York: Villard Books, *1992.*

Allen, Paula Gunn. *Spider Woman's granddaughters: traditional tales and contemporary writing by native american women.* New York: Ballantine Books, 1989.

Anderson, Sherry Ruth y Patricia Hopkins. *The feminine face of God, the unfolding of the sacred in women.* New York: Bantam Books, 1991.

Armstrong, Christopher. *Evelyn underhill: an introduction to her life and writings.* Oxford: A.B. Mowbray & Co. Ltd., 1975.

Balzac de, Honore. *Seraphita.* New York: Steiner Books, 1976.

Barber, Elizabeth Wayland. *Women's work: the first 20.000 years.* New York: W. W. Norton & Co., 1994.

Bateson, Mary Catherine. *Composing a life.* New York: A Plume Book, Penguin Group, 1989.

Belenky, M., et al. *Women's ways of knowing: the development of self, voice and mind.* New York: Basic Books, Harper Collins, 1986.

Bolen, Jean Shinoda. *Crossing to avalon.* San Francisco: Harper, 1994.

Bolen, Jean Shinoda. *Goddesses in everywoman: psychology of women.* San Francisco: Harper and Row, 1984.

Bolen, Jean Shinoda. *The tao of psychology.* New York: Harper & Row Publishers Inc., 1979.

Boulding, E. *The underside of history.* Boulder, Colorado: Westview Press Inc., 1976.

Brennan, S. y J. Winklepeck. *Resourceful woman.* Detroit, Michigan: Visible Inc., 1994.

Brown, R. M. *Starting from scratch.* New York: Bantam Books, 1988.

Brown, Lyn Mikel and Carol Gilligan. *Meeting at the crossroads: women's psychology and girl's development.* New York: Ballantine Books, 1992.

Bruchae, Carol, Linda Hogan and Judith McDaniel. *The stories we hold secret: tales of women's spiritual development.* Greenfield City, New York: Greenfield Review Press, 1986.

Bukovinsky, Janet. *Women of words: a personal introduction to thirty-five important writers.* Philadelphia: Running Press, 1994.

Cameron, Anne. *Daughters of copper woman.* Vancouver, British Columbia: Publishers, 1981.

Campbell, Joseph. *The hero with a thousand faces.* Princeton: Princeton University Press, 1949.

Campbell, Joseph y Charles Muses. *In all her names, explorations of the feminine in divinity.* San Francisco: Harper, 1991.

Capra, F. *The Tao of physics.* New York: Bantam Books, 1975.

Carter, Angela. *The old wives fairy tale book.* New York: Pantheon Fairy Tale & Folklore Library, 1990.

Castillejo de, Irene Claremont. *Knowing woman: a feminine psycology.* New York: Harper Colophon Books, 1973.

Chesler, Phyllis. *Women and madness.* New York: Avon, a division of Hearst Corp., 1972.

Chernin, Kim. *Reinventig Eve: modern woman in search of herself.* New York: Times Books, Random House, 1987.

Christ, Carol P. *Diving deep an surfacing: women on spiritual quest.* Boston: Beacon Press, 1980.

Conway, Jill Ker. *True North.* New York. Alfred A. Knopf, 1994.

Cooper, Patricia and Allen, and Norma Bradley. *The Quilters: women and domestic art, an oral history.* New York: an Anchor Book, Doubleday & Company Inc., 1989.

Dalton, Jerry O. *The Tao Te Ching: backward down the path.* Atlanta, Georgia: Humanics New Age, 1994.

Dillard, A. *The writing life.* New York: Harper & Row Publishers, 1989.

Dreher, D. *The Tao of peace.* New York: Donald I. Fine Inc., 1990.

Duerk, Judith. *Circle of stones: woman's journey to herself.* San Diego: Luramedia, 1989.

Duncan Isadora. *My life.* New York. Garden City Publishing Co., 1927.

Edgerly, Lois Stiles. *Women's words, women's stories, an american daybook.* Gardinet, Maine: Tilbury House, 1994.

Eliade, Mircea. *Rites and symbols of initiation: the mysteries of birth*

and rebirth. New York: Harper Torchbooks, 1958.
Feng, G. y J. English. *Lao Tsu: Tao Te Ching.* New York: Alfred A. Knopf Inc., 1972.
Fields, R. et al. *Chop wood, carry water.* Los Angeles: Jeremy P. Tarcher Inc., 1984.
Fierz, David y Linda. *Women's Dionysian initation: the villa of mysteries in Pompeii.* Dallas: Spring Publications, 1988.
Fagg, Fannie. *Fried green tomatoes at the whistle stop cafe.* New York: McGraw-Hill Book Co., 1987.
French, David J. *In search of the real me: achievcing personal balance.* Atlanta, Georgia: Humanics New Age, 1992.
Gilligan, Carol. *In a different voice.* Cambridge, Massachusetts: Harvard University Press, 1982.
Goldberg, N. *Long quiet highway.* New York: Bantam Books, 1993.
Goldberg, N. *Wild mind.* New York: Bantam Books, 1990.
Goldberg, N. *Writing down the bones.* Boston: Shambhala, 1986.
Grigg, Ray. *The Tao of being: a think and do workbook.* Atlanta, Georgia: Humanics New Age, 1994.
Grigg, Ray. *The Tao of relationships: a balancing of man and woman.* Atlanta, Georgia: Humanics New Age, 1988.
Haggard, H. Rider. *She.* Amsterdam: Quick Fox, 1981.
Hall, Nor. *The moon and the virgin (Reflections on the archetypal feminine).* New York: Harper and Row Publishers, 1980.
Hall, Nor. *Mothers and daughters.* Minneapolis: Rusoff Books, 1976.
Harding, M. Esther. *Woman's mysteries ancient and modern.* New York: G. P. Putnam's Sons, 1971.
Heider, John. *The Tao of leadership.* Atlanta, Gerogia: Humanics New Age, 1986.
Heilbrun, Carolyn G. *Hamlet's mother and other women.* New York: Ballantine Books, 1990.
Heilbrun, Carolyn G. *Writing a woman's life.* New York: Ballantine Books, 1988.
Hillman, James. *Facing the gods.* Dallas: Spring Publications, 1980.
Hurston, Zora Neale. *Their eyes were watching God.* New York: Perennial Library, Harper Row, 1973.
James, E. O. *The cult of the mother Goddess: an archeological and documentary study.* New York: Frederick A Praeger Publishers, 1959.

Johnson, Robert A. *She: understanding feminine psychology*. Religious Publishing Co., 1976.
Jung, C. G. y C. Kereny. *Essays on a science of mythology: the myth of the divine child and the mysteries of Eleusis*. Princeton: Princeton University.Press, 1969.
Keen, Sam y Anne Valley-Fox. *Your mythic journey: finding meaning in your life through writing and storytelling*. Los Angeles: Jeremy Tarcher, 1973.
Kerenyi, Karl. *Goddesses of sun and moon*. Dallas: Spring Publications, 1979.
Kerenyi, Kar. *Eleusis: archetypal image of mother and daughter*. New York: Schocken Books, 1977.
Kingston, Maxine Hong. *The woman warrior: memoirs of a child hood among ghosts*. New York: Vintage International - Vintage Books, 1989.
Koller, Alice. *An unknown woman, a journey of self-discovery*. New York: Bantam Books, 1981.
Koppelman, Susan. *Women's friendships: a collection of short stories*. Norman: University of Oklahoma Press, 1991.
Leary, Lewis. Kate *Chopin: the awakening and other stories*. New York: Holt, Rinegart & Winston Inc., 1970.
Leary, Timothy. *Psychedelic prayers: after the Tao te Ching*. Kerkonkson, New York: Poets Press, 1966.
Leguin, Ursula K. *Dancing at the edge of the world*. New York: Grove Press, 1989.
Lessing, Doris. *The golden notebook*. New York: Bantam Books, Simon & Shuster, 1962.
Levertov, Denise. *Breathing the water*. New York: A New Directions book, 1984.
Lifshin, Lyn. *Ariadne's thread, a collection of contemporary women's journals*. New York: Harper Colophon, 1982.
Lindbergh, Anne Morrow. *Gift from the sea*. New York: Vintage Books, Random House, 1955.
Lowinsky, Naomi Ruth. *Stories from the motherline, reclaiming the mother-daughter bond, finding our feminine souls*. Los Angeles: Jeremy P. Tarcher, 1992.

Luke, Helen. *Kaleidoscope: the way of woman & other essays*. New York: Parabola Books, 1992.

Mairs, Nancy. *Remembering the bone house*. New York: Perennial Library, Harper & Row, 1989.

Metz, Pamela. *The Tao of learning*. Atlanta, Georgia, Humanics New Age, 1994.

Middleton, Ruth. *Alexandra David-Neel: portrait of an adventurer*. Boston: Shambhala Publications, 1989.

Mitchell, S. *Tao te Ching*. New York: Harper & Row Publishers Inc., 1988.

Moon, Sheila. *Changing woman & her sisters*. San Francisco: Guild for Psychological Studies Publishing House, 1984.

Moore, Rickie. *A Goddess in my shoes: seven steps to peace*. Atlanta, Georgia: Humanics New Age, 1988.

Murdock, Maureen. *The heroine's journey: woman quest for wholeness*. Boston: Shambhala, 1990.

Nelson, Gertrude Mueller. *Here all dwelt free: stories to heal the wounded feminine*. New York: Doubleday & Company Inc. 1991.

Newman, Molly y Barbara Damashek. *Quilters: a play*. New York: Dramatists Play Service Inc., 1986.

Niethammer, Carolyn. *Daughters of the earth: the lives & legends of American Indian women*. New York: Collier Books, Macmillan, 1977.

Oakes, Maud. *The stone speaks: the memoir of a personal transformation*. Wilmette, Illinois: Chiron Publications, 1987.

Oliver, Mary. *New ad selected poems*. Boston: Beacon Press, 1992.

Olsen, Tillie. *Silences*. New York: Delta Seymour Lawrence, Dell Publishing, 1965.

Pearson, Carol y Katherine Pope. *The female hero in American and Britsh literature*. New York: R. R. Bowker Co., 1981.

Pijoan, Teresa. *White wolf woman and other native American transformation myths*. Little Rock: August House Publishers Inc., 1992.

Plaskow, Judith and Carol P. Christ. *Weaving the visions: new patterns in feminist spirituality*. San Francisco: Harper, 1989.

Pomeroy, Sarah B. *Goddesses, whores, wives and slaves: women in classical antiquity*. New York: Schocken Books, 1975.

Rose, Phillis (ed.). *The norton book of women's lives*. New York: Norton & Co., 1993.
Russel, Willy. *Shirley Valentine*. New York: Samuel French Inc., 1988.
Sarton, May. *Journal of a solitude*. New York: Norton & Co., 1973.
Schreiner, Olive. *Dreams*. Pacific Grove, California: Select Books, 1971.
Scott-Maxwell, F, *The measure of my days*. New York: Alfred A. Knopf, 1968.
Sewell, Marilyn. *Cries of the spirit: a celebration of women's spirituality*. Boston: Beacon Press, 1991.
Shange, Ntozake. *For colored girls who have considered suicide when the rainbow is enuf*. New York: Collier Books, Mcmillan Publishing, 1975.
Simpkinson, Charles y Anne. *Sacred stories: a celebration of the power of stories to transform and heal*. San Francisco: Harper, 1993.
Sojourner, Mary. *Sisters of the dream*. Arizona: Northland Publishing, 1989.
Stein, D. *The Kwan Yin book of changes*. St. Paul, Minnesota: Llewellyn Publications, 1985.
Ulanov, Ann Belford. *The feminine*. Evanston: Northwestern University Press, 1971.
Ulanov, Ann Belford. *Receiving woman: studies in the psychology and theology of the feminine*. Philadelphia: Westminster Press, 1981.
Ullman, Liv. *Changing*. New York: Alfred A. Knopf, 1977.
Walker, Alice. *In search of mother's garden*. Harvest/HBJ Books, Harcourt Brace Jovanovich Publishers, 1983.
Walker, B. *The woman's dictonary of symbols and sacred objects*. San Francisco: Harper & Row, 1988.
Wall, Steve. *Wisdom's daughters: conversations with women elders of native America*. New York: Harper Collins, 1993.
Waters, Frank. *The woman at Otowi crossing*. Athens: Swallow Press, Ohio University Press, 1987.
Wheelwright, Jane Hollister. *The Death of a woman: how a life became complete*. New York: St. Martin's Press, 1981.

Whyte, David. *Where many rivers meet*. Langley, Washington: Many Rivers Press, 1993.

Whyte, David. *Fire in the earth. Langley*. Washington: Many Rivers Press, 1992.

Wolkstein, Diane y Samuel Noah Kramer. *Inana. Queen of heaven and earth: her stories and hymns from sumer*. New York: Harper Colophon Books, 1983.

Woolf, Virginia. *A room of one's own*. Troy, New Jersey: Harvest/HBJ Books, Harcourt Brace Jovanovich Publishers, 1929.

Wing, R. L. *The illustrated I Ching*. New York: Doubleday & Company Inc., 1982.

Wing, R. L. *The Tao of power*. New York: Doubleday & Company Inc., 1986.

Sobre los artistas

Shi-huei Cheng aprendió *Nu Shu* durante su dilatado trabajo de campo en la provincia de Hunan con las pocas mujeres supervivientes que aún utilizaban esta escritura publicando algunos de los manuscritos originales y sus traducciones al mandarín. A través de ella la Editorial para el Despertar (Taiwan) pudo publicar un libro en *Nu Shu* en 1991. La señora Cheng ha trabajado como jefa de edición de la Editorial para el Despertar y de la revista *Despertar*, y es miembro de la dirección de la Fundación para el Despertar. Actualmente es jefa de edición de la revista *Eslite Book Review* en Taiwan.

La caligrafía china tradicional usada en *El Tao de las mujeres* fue creada por el señor Lian Xiochuan. Nativo de la ciudad de Wuhan, en la provincia de Hubei, vive actualmente en Nueva York.

Reflexiones

Las autoras de *El Tao de la mujeres* han trabajado intensamente en temas relacionados con las mujeres. Pamela, como educadora y administradora, ha sido consejera de muchas de ellas a lo largo de sus recorridos existenciales. Jaqueline, como escritora independiente, reúne historias de mujeres; en sus viajes por los Estados Unidos en búsqueda de relatos personales, encuentra y registra vidas de mujeres.

Las autoras están interesadas no sólo en tus reacciones al libro, sino también en tus historias y sabiduría. Si quieres ayudarlas en su búsqueda de historias y comprensiones de mujeres, por favor envía tu reflexión favorita a:

Humanics Limited
Reflections
PO Drawer 77766
Atlanta, GA 30357 (USA)

Se prefiere que envíes tus reflexiones escritas a máquina y en un espacio no más extenso que una página. Asegúrate de incluir tu nombre, dirección y número de teléfono. Las autoras no podrán agradecer cada reflexión particular. Al enviar tu reflexión das permiso explícito a las autoras para poder incluirla, total o parcialmente, dentro de su trabajo o en una edición subsiguiente de *El Tao de las mujeres*. Por favor, asegúrate de especificar, si quieres, que tu nombre o cualquier otra información sea confidencial.

OTROS TÍTULOS

COLECCIÓN EL TALLER DE LA HECHICERA

Ser mujer: un viaje heroico
Maureen Murdock

La búsqueda de las mujeres de este tiempo en pos de abrazar totalmente su naturaleza, aprendiendo cómo valorarse a sí mismas y cómo sanar la profunda herida de lo femenino.

El despertar de la mujer consciente
Mary Elizabeth Marlow

Un manual de navegación para guiar a cada mujer a través de sus vicisitudes cotidianas hacia su propia soberanía interna, al descubrimiento del ilimitado poder creador y transformador del espíritu humano.

Luna roja: los dones del ciclo menstrual
Miranda Gray

La menstruación no es sólo un fenómeno físico: es también una enorme fuer- que afecta profundamente a las mujeres y cuya energía puede aplicarse muy sitivamente a nivel creativo, sexual y espiritual.

mujer sabia: vivir la menopausia con plenitud
dy Hall con el Dr. Robert Jacobs

Infinitas posibilidades surgen tras el cambio: un nuevo enfoque expresado en ta obra desde una perspectiva femenina, no sólo respecto a los aspectos fisioló- cos en sí, sino también a los mentales, emocionales y espirituales.

COLECCIÓN LOS CABALLEROS DEL GRIAL

Iron John
Robert Bly

La vida apasionada. El nuevo arte de amar
Sam Keen

Una visión esclarecedora del *amor* como motor del Universo y como parte esencial del entramado de nuestras vidas. Un mapa vivo y transformador hacia la autorrealización, que este sensible filósofo nos presenta a través de las etapas de *el niño, el rebelde, el adulto, el fuera de la ley* y *el amante.*

La Alquimia de la Transformación
Lee Lozowick

Esta obra es un tesoro poco común, ya que constituye un mapa actual y vivo del camino espiritual, así como una guía para recorrerlo. Mediante un lenguaje directo, sencillo, ameno y lleno de humor, el autor nos acerca a una espiritualidad profunda y funcional en el mundo de hoy, no mediante técnicas de iluminación ni con promesas de «felicidad instantánea», sino partiendo de los problemas y acontecimientos de la vida cotidiana.

COLECCIÓN CONCIENCIA GLOBAL

La Tierra inteligente
Peter Russell

El agujero blanco en el tiempo
Peter Russell

El otro Arco Iris
Centro Iniciático Europeo, con Shakti Genaine (Swamiji) y Asociación Osiris XXI

Gracia y coraje (En la vida y en la muerte de Treya Killam Wilber)
Ken Wilber

Compasión en acción: el poder del corazón
Ram Dass y Mirabai Bush

La conciencia mítica
D. Stephenson Bond

Esta obra trata de la vida y la muerte, profundizando en el «significado» y e el renacimiento del «mito» personal e individual. Este comienza para el autor e el preciso momento en que uno dice: «Esto es vital para *mí*». Tal factor subjetiv supone estar dentro del mito, encarnarlo. Dedicado a quienes sienten una pérdid de vitalidad y mantienen en soledad su secreto.

Sexo, ecología, espiritualidad NOVEDAD
Ken Wilber

Uno de los más grandes pensadores de nuestro tiempo nos presenta el primero de los libros de la que es sin duda su obra magna: la Trilogía del *Kósmos*. Recuperando este término griego, Ken Wilber analiza la evolución de todo lo existente, desde la materia, a la vida, desde la mente hasta Dios, y nos invita a seguirle en su profunda e intensa reflexión sobre la trayectoria de la Vida en sí misma. Una obra imprescindible que revolucionará la filosofía y los estamentos científicos, culturales y sociales.

Si deseas recibir INFORMACIÓN

- Llámanos

o

- Manda un fax

o

- Escribe

o

- Recorta y envía esta página a:

Gaia Ediciones

C/ Vicente Camarón, 21
28011 Madrid
Tel.: (91) 526 41 99
Fax: (91) 526 36 59

... y recibirás noticias nuestras.

Nombre: ....

Primer apellido: ....

Segundo apellido: ....

Domicilio: ....

Código Postal: ....

Población: ....

País: ....

Teléfono: ....

Fax: ....